KB262053

빨강 풍선

Albert Lamorisse
THE RED BALLOON
© Doubleday & Company, INC, N.Y. 1956

Translated by Mi-Rim Lee
© Benedict Press, Waegwan, Korea 1982

빨강 풍선
1982년 3월 초판 | 2015년 3월 11쇄
옮긴이 · 이미림 | 펴낸이 · 박현동
ⓒ **분도출판사**
등록 · 1962년 5월 7일 라15호
718-806 경북 칠곡군 왜관읍 관문로 61
왜관 본사 · 전화 054-970-2400 · 팩스 054-971-0179
서울 지사 · 전화 02-2266-3605 · 팩스 02-2271-3605
www.bundobook.co.kr

ISBN 89-419-8206-5 04680
값 5,000원

빨강 풍선

알베르 라모리스 지음
이 미림 옮김

분 도 출 판 사

옛날 프랑스 파리에 파스칼이
라는 어린 소년이 살았습니
다. 파스칼은 형도 누나도 없
었습니다. 그래서 집에서 매
우 슬프고 외롭게 지냈습니
다.

한번은 집잃은 고양이를 데려
오고 얼마 후에는 또 길잃은
강아지를 데려오기도 했지만,
어머니께서 짐승들이란 집안
을 더럽힌다고 하셨고, 그래
서 파스칼은 곧 어머니의 깨
끗하고 잘 정돈된 방에 다시
혼자 있게 되었습니다.

그러던 어느 날, 학교가는 길
에 예쁜 빨강 풍선이 가로등
에 매여 있는 것이 보였습니
다. 파스칼은 가방을 땅바닥
에 놓고는 전신주를 타고 올
라가 풍선을 풀어 가지고 버
스 정류장으로 달려갔습니다.

그러나 차장 아저씨는 규칙을 내세웠습니다. "개는 안돼요. 큰 짐도, 풍선
도 안됩니다."
개를 데린 사람들은 걸어갑니다.
짐을 든 사람들은 택시를 탑니다.
풍선을 가진 사람들은 풍선을 버립니다.
파스칼은 풍선을 버리고 싶지 않았습니다. 차장은 신호종을 울렸고 버스는
파스칼을 버려 둔 채 떠났습니다.

AGNÉTIQUES
Gianni
8, S
CADE

파스칼의 학교는 멀었습니다. 그래서 학교에 다다랐을 때는 이미 문이 닫혀 있었습니다. 지각을 하면서 풍선을 들고 학교에 오다니 — 듣도 보도 못한 일입니다! 파스칼은 매우 걱정이 되었습니다.

그때 좋은 생각이 떠올랐습니다. 파스칼은 운동장을 쓸고 있는 수위 아저씨께 풍선을 맡겼습니다. 그리고 지각을 한 것은 처음이었기 때문에 벌을 받지는 않았습니다.

학교가 끝나자 수위 아저씨는 파스칼을 위해서 자기 방에 두었던 풍선을 꺼
내다가 돌려 주었습니다.
그런데 비가 오기 시작했습니다. 그리고 파스칼은 풍선을 가지고는 버스를
탈 수 없는 그 바보 같은 규칙 때문에 집에까지 걸어가야 했습니다. 그러나
그는 풍선이 젖어서는 안 된다고 생각했습니다.

바로 그때 할아버지 한 분이 지나갔습니다. 파스칼은 할아버지에게 우산을
좀 같이 쓸 수 있겠느냐고 여쭈어 보았습니다. 이렇게 파스칼은 이 우산 저
우산 속을 다니면서 집으로 왔습니다.

어머니는 파스칼이 마침내 집에 온 것을 보고 기뻐하셨습니다. 그러나 몹시 걱정을 하신 데다가 파스칼이 늦게 온 것이 풍선 때문이었다는 것을 알자 화가 나셨습니다. 그래서 풍선을 앗아 창 밖으로 던져 버리셨습니다.

그런데 보통 풍선은 놓아 주면 날아가 버립니다. 그러나 파스칼의 풍선은 창 밖에 머물러 있었고, 그래서 그들 둘은 창문을 통해서 서로 바라보고 있었습니다. 파스칼은 풍선이 날아가지 않은 것을 보고 놀랐습니다. 아니, 정말은 그리 놀란 것도 아닙니다. 친구란 무슨 일이든지 해 주는 법입니다. 풍선도 친구가 된다면 날아가 버리지 않습니다. 그래서 파스칼은 창문을 가만히 열고 풍선을 안으로 들여다가 방에 숨겼습니다.

이튿날 학교가기 전에 파스칼은 창문을 열고 풍선을 내보내며 부르거든 오
라고 말했습니다. 그런 다음 책가방을 들고 어머니께 인사하고 나서 아래층
으로 내려갔습니다.
길에 나서자 파스칼은 "풍선아! 풍선아!" 하고 불렀습니다. 그러자 풍선이
날아왔습니다.
그러고는 파스칼을 따라오기 시작했습니다. 줄을 잡아당기지 않았는데도
꼭 강아지가 주인을 따라오듯이 말입니다.

그러나 강아지처럼 풍선도 늘 시
키는 대로만 하지는 않았습니다.
파스칼이 길을 건너려고 풍선을
잡으려 하자 풍선은 두둥실 날아
가 버렸습니다.
파스칼은 모른 척하기로 했습니
다. 풍선이 아예 없는 것처럼 걸
어가서는 어느 집 모퉁이에 숨었
습니다. 그러자 풍선은 걱정이
되었던지 서둘러 따라왔습니다.
버스 정류장에 다다랐을 때 파스
칼은 풍선에게 말했습니다.
"풍선아, 이젠 날 따라와. 버스
를 놓치지 마!"
그리하여 이날 파리 거리에는 이
상한 광경이 벌어진 것입니다 —
풍선이 버스를 바짝 따라 날아가
는.

VOLAILLES & GIBIER
ROTISSERIE
G. Giraud
VOLAILLES G. Giraud GIBIER
P¹ᵉ des LILAS 2843
CRXAMPT MENILMONTANT · PORTE des LILAS
Chantelle
LA GAINE

학교에 이르자 풍선은 붙잡히지 않으려고 또 달아났습니다. 그러나 벌써 종이 울리고 있었고 교문이 막 닫히려고 했기에 파스칼은 할 수 없이 혼자 뛰어가야만 했습니다. 파스칼은 무척 걱정이 되었습니다.

그러나 풍선은 학교 담을 두둥실 넘어 아이들 뒤에 가서 섰습니다. 선생님은 이 낯선 새 학생을 보고 몹시 놀랐습니다. 그리고 풍선이 교실에 따라 들어오려고 하자 아이들이 소리를 질렀기 때문에 교장 선생님이 무슨 일인가 알아보려고 오셨습니다.

교장 선생님은 풍선을 교실 밖으로 내보내려고 하셨지만 그렇게 할 수가 없었습니다. 그래서 파스칼의 손을 잡고 학교 밖으로 데리고 나오셨습니다. 그러자 풍선은 교실을 떠나 따라왔습니다.

교장 선생님은 시청에 급한 볼일이 있었는데, 파스칼과 풍선을 어떻게 해야 좋을지 모르셨습니다. 그래서 파스칼을 교장실에 들여보내고 문을 잠갔습니다. 풍선은 문 밖에 서 있겠지 하고 교장 선생님은 혼잣말을 했습니다.

그러나 천만에, 풍선의 생각은 달랐습니다. 교장 선생님이 열쇠를 주머니에 넣자 풍선은 뒤따라 거리로 나섰습니다.

사람들은 모두 교장 선생님을 잘 알았습니다. 그래서 풍선을 따라오게 하며 지나가시는 것을 보고는 머리를 저으며 말했습니다.

"교장 선생님이 장난을 하시다니! 거참, 교장 선생님은 좀 점잖으셔야지, 자기 학교 아이들같이 짓궂으셔서야 …"

가엾은 교장 선생님은 풍선을 잡으려고 무척 애를 쓰셨으나 잡을 수가 없었습니다. 그래서 풍선이 따라오는 것을 참을 수밖에 없었습니다. 시청 밖에 서 풍선은 멈추어 길에서 기다렸다가 교장 선생님이 학교로 돌아오실 때에 또 뒤따라왔습니다.

교장 선생님은 얼른 파스칼을 교장실에서 내보내셨습니다. 파스칼과 풍선에게서 벗어나게 되니 속이 다 시원하셨습니다.

집으로 돌아오는 길에 파스칼은 길가 전시장에 멈추어 서서 한 그림을 구경했습니다. 그 그림에는 굴렁쇠를 가진 작은 소녀가 있었습니다. 파스칼은 저 작은 소녀 같은 친구가 있다면 얼마나 좋을까 생각했습니다.

바로 그때 그림 속의 아이와 똑같이 생긴 진짜 소녀를 만났습니다.
소녀는 예쁜 하얀 옷을 입고 줄을 잡고 있었습니다. … 파랑 풍선이 달린!
파스칼은 자기 풍선이 요술 풍선이라는 것을 소녀에게 꼭 알려 주고 싶었습
니다. 그러나 풍선은 자꾸만 달아났고 소녀는 막 웃었습니다.

파스칼은 화가 나서 "길들인 풍선이 있으면 뭘해, 시키는 대로 하지도 않는데?" 하고 투덜댔습니다. 그때 이웃 마을의 깡패 아이들이 몰려 왔습니다. 그들은 파스칼의 뒤를 따라가는 풍선을 잡으려 했습니다. 풍선은 위험해진 것을 알고 재빨리 파스칼에게로 날아왔습니다. 파스칼은 풍선을 잡고 뛰었습니다. 그러나 다른 쪽에서 더 많은 아이들이 몰려 와서 어쩔 수가 없었습니다.

그래서 파스칼은 풍선을 놓아 주었고 풍선은 하늘 높이 올라갔습니다. 소년들이 위를 쳐다보고 있는 틈에 파스칼은 그곳을 빠져 나와 층계 꼭대기로 뛰어갔습니다. 거기서 풍선을 부르자 풍선은 금방 내려왔습니다. 깡패 소년들은 몹시 놀랐습니다.

이리하여 파스칼과 풍선은 무사히 집으로 돌아왔습니다.

이튿날은 일요일이었습니다. 교회에 가면서 파스칼은 풍선에게 조용히 집에 있으라고, 아무 것도 깨뜨리지 말라고, 특히 밖에 나가지 말라고 일렀습니다. 그러나 풍선은 꼭 자기 마음대로 했습니다. 파스칼과 어머니가 교회에 들어가 앉자마자 나타나서 뒤에 가만히 떠 있었습니다.

그런데 교회는 풍선이 갈 곳이 아닙니다. 모두들 풍선을 쳐다보았고 아무도 예배에 마음을 쏟지 않았습니다. 파스칼은 교회 수위 아저씨에게 쫓겨 서둘러 밖으로 나와야 했습니다. 풍선은 어떤 일이 맞갖은 것인지 모르는 게 틀림없습니다. 파스칼은 걱정이 태산 같았습니다!

이런 걱정을 하고 있노라니 배가 고파 왔습니다. 헌금하려던 돈이 그대로 있었기에 과자를 사 먹으러 빵집에 갔습니다. 문 앞에서 파스칼은 풍선에게 말했습니다. "이젠 말 잘 듣고 기다려. 멀리 가면 안돼." 풍선은 말을 잘 들었습니다. 그리고 햇볕을 쪼이려고 가게 모퉁이까지만 갔습니다. 그러나 그것도 이미 너무 멀었습니다. 왜냐하면 어제 풍선을 보고 붙잡으려 했던 깡패 소년들이 풍선을 보았고 지금이야말로 풍선을 다시 붙잡아 봐야겠다고 생각했기 때문입니다. 아이들은 살금살금 다가와서 왈칵 덤벼들어 풍선을 붙잡아 달아났습니다.

파스칼이 빵집을 나와 보니 풍선이 없었습니다! 파스칼은 하늘을 쳐다보며 사방으로 뛰어 다녔습니다. 풍선이 또 말을 듣지 않았구나! 혼자 가 버렸구나! 파스칼은 목청껏 불러 보았지만 풍선은 돌아오지 않았습니다.
깡패 소년들은 튼튼한 줄에다 풍선을 묶어 놓고 재주를 가르치려고 했습니다. "이 요술 풍선을 서커스에 내보내야지." 하고 한 소년이 말했습니다. 그리고 풍선에게 막대기를 휘두르면서 소리쳤습니다. "이리 와. 안 오면 터뜨려 버릴 테다."

다행히도 파스칼은 담 너머로 굵은 줄에 매여 속절없이 끌려 가는 풍선을
보았습니다. 파스칼은 풍선을 불렀습니다.
파스칼의 목소리를 듣자마자 풍선은 파스칼을 따라왔습니다. 파스칼은 얼
른 줄을 풀어 풍선을 들고 있는 힘을 다해 달렸습니다.

소년들이 뒤쫓아 왔습니다. 그들이 어찌나 소리를 질렀던지 이웃사람들이 모두 나와서 구경했습니다. 그것은 마치 파스칼이 소년들의 풍선을 훔쳐 달아나는 것 같았습니다. 파스칼은 "사람들 속에 숨어야지." 하고 생각했습니다. 그러나 빨강 풍선은 어디에나, 사람들 속에서도 눈에 띄었습니다. 파스칼은 깡패 소년들을 벗어나려고 좁은 샛길로 뛰어갔습니다.

갈림길에서 소년들은 파스칼이 오른쪽으로 갔는지 왼쪽으로 갔는지 알 수 없어서 여러 패로 갈렸습니다. 잠시 동안 파스칼은 그들한테서 벗어났다고 생각했습니다. 그리고 쉴 곳을 찾아 둘러보았습니다. 그러나 길 모퉁이를 돌자 깡패 중의 한 아이와 똑바로 마주쳤습니다. 파스칼은 오던 길로 되돌아 달려갔습니다. 그러나 거기에는 더 많은 아이들이 있었습니다. 파스칼은 죽자살자 옆길로 뛰어들어 빈터를 향해 달렸습니다. 거기 가면 안전하리라고 생각했습니다.
그러나 갑자기 소년들이 사방에서 나타나 파스칼을 에워쌌습니다.

그래서 파스칼은 풍선을 놓아 주었습니다. 그러나 이번에는 깡패들이 풍선을 좇아가지 않고 파스칼을 때렸습니다. 풍선은 조금 날아가다가 파스칼이 맞는 것을 보고는 돌아왔습니다. 아이들은 풍선에게 돌을 던졌습니다.
“날아가, 풍선아! 날아가!” 파스칼은 외쳤습니다. 그러나 풍선은 친구를 떠나려 하지 않았습니다.
마침내 돌 하나가 풍선을 맞혔고 풍선은 터졌습니다.
파스칼이 터진 풍선을 보고 울고 있는데 이상한 일이 일어났습니다. 풍선들이 공중으로 날아 올라가서 하늘 높이 한 줄로 떠 있는 것을 어디서나 볼 수 있었습니다.
그것은 붙잡혀 있던 모든 풍선들의 반란이었습니다!

PATISSERIE
RUE
DES
ENVIERGES
CAFÉ MARTIN
Eug. MARTIN
EN VENTE ICI

그리고 파리의 모든 풍선들이 파스칼에게로 내려와 빙글빙글 춤을 추며 튼튼한 줄을 꼬아서는 파스칼을 하늘로 떠오르게 했습니다. 이렇게 해서 파스칼은 온 세계를 구경하는 멋진 여행을 하게 된 것입니다.

Albert Lamorisse
THE RED BALLOON

4 Once upon a time in Paris there lived a little boy whose name was Pascal. He had
no brothers or sisters, and he was very sad and lonely at home. Once he brought
home a lost cat, and some time later a stray puppy. But his mother said animals
brought dirt into the house, and so Pascal was soon alone again in his mother's
clean well-kept rooms.
Then one day, on his way to school, he caught sight of a fine red balloon, tied to
a street lamp. Pascal laid his school bag on the ground. He climbed up the lamppost,
untied the balloon, and ran off with it to the bus stop.

6 But the conductor knew the rules. "No dogs," he said. "No large packages, no
balloons."
People with dogs walk.
People with packages take taxis.
People with balloons leave them behind.
Pascal did not want to leave his balloon behind, so the conductor rang the signal
bell and the bus went on without him.

8 Pascal's school was a long way off, and when he finally reached the school door
it was already shut. To be late for school and with a balloon – that was unheard of!
Pascal was very worried.
Then he had an idea. He left his balloon with the janitor, who was sweeping
the yard. And since it was the first time that he had ever been late, he was not
punished.

9 When school was over, the janitor, who had kept the ballon in his room for Pascal,
gave it back to him.
But it had begun to rain. And Pascal had to walk home because of those silly rules
about the balloons on buses. But he thought his balloon shouldn't get wet.

11   There was an old gentleman just going by, and Pascal asked him whether he and
     the balloon could take shelter under his umbrella. So, from one umbrella to
     another, Pascal made his way home.

12   His mother was glad to see him finally come home. But since she had been very
     worried, she was angry when she found out that it was a balloon that had made
     Pascal late. She took the balloon, opened the window, and threw it out.

15   Now, usually when you let a balloon go, it flies away. But Pascal's balloon stayed
     outside the window, and the two of them looked at each other through the glass.
     Pascal was surprised that his balloon hadn't flown away, but not really as surprised
     as all that. Friends will do all kinds of things for you. If the friend happens to be
     a balloon, it doesn't fly away. So Pascal opened his window quietly, took his
     balloon back inside, and hid it in his room.

17   The next day, before he left for school, Pascal opened the window to let his balloon
     out and told it to come to him when he called.
     Then he picked up his school bag, kissed his mother good-by, and went downstairs.
     When he reached the street he called: "Balloon! Balloon!" and the balloon came
     flying down to him.
     Then it began to follow Pascal – without being led by a string, just as if it were
     a dog following his master.

19   But, like a dog, it didn't always do as it was told. When Pascal tried to catch it to
     cross the street, the balloon flew beyond his reach.
     Pascal decided to prentend he didn't care. He walked up the street just as if the
     balloon weren't there at all and hid behind the corner of a house. The balloon got
     worried and hurried to catch up with him
     When they got to the bus stop, Pascal said to the balloon: "Now, balloon, you
     follow me. Don't lose sight of the bus!"
     That was how the strangest sight came to be seen in a Paris street – a balloon
     flying along behind a bus.

21   When they reached Pascal's school, the balloon again tried not to let itself be
     caught. But the bell was already ringing and the door was just about to close,
     so Pascal had to hurry in alone. He was very worried.
     But the balloon flew over the school wall and got in line behind the children.

The teacher was very surprised to see this strange new pupil, and when the balloon
tried to follow them into the classroom, the children made so much noise that the
principal came along to see what was happening.

22 The principal tried to catch the balloon to put it out the door.
But he couldn't. So he took Pascal by the hand and marched him out of school.
The balloon left the classroom and followed them.
The principal had urgent business at the Town Hall, and he didn't know what to do
with Pascal and his balloon. So he locked the boy up inside his office. The balloon,
he said to himself, would stay outside the door.
But that wasn't the balloon's idea at all. When he saw that the principal had put
the key in his pocket, it sailed along behind him as he walked down the street.
All the people knew the principal very well, and when they saw him walking passed
followed by a balloon they shook their heads and said: "The principal's playing
a joke. It isn't right; a principal should be dignified, he shouldn't be playing like
one of the boys in his school."
The poor man tried very hard to catch the balloon, but he couldn't, so there was
nothing for him to do but put up with it. Outside the Town Hall the balloon
stopped. It waited for him in the street, and when the principal went back to school
the balloon was still behind him.
The principal was only too glad to let Pascal out of his office, and to be rid of him
and his balloon.

24 On the way home Pascal stopped to look at a picture in a sidewalk exhibit.
It showed a little girl with a hoop. Pascal thought how nice it would be to have
a friend like that little girl.

25 But just at that moment he met a real little girl, looking just like the one in the
picture. She was wearing a pretty white dress, and she held in her hand the
string . . . to a blue balloon!
Pascal wanted to be sure she noticed that his balloon was a magic one.
But his balloon wouldn't be caught, and the little girl began to laugh.

26 Pascal was angry. "What's the use of having a trained balloon if it won't do what
you want?" he said to himself. At that very moment some of the tough boys of the
neighborhood came by. They tried to catch the balloon as it trailed along behind

Pascal. But the balloon saw the danger. It flew to Pascal at once. He caught it and began to run, but more boys came to corner him from the other side.

So Pascal let go of his balloon, which immediately rose high into the sky. While the boys were all looking up, Pascal ran between them to the top of the steps. From there he called his balloon, which came to him at once – to the great surprise of the boys in the gang.

So Pascal and his balloon got home without being caught.

28   The next day was Sunday. Before he left for church, Pascal told his balloon to stay quietly at home, not to break anything, and especially not to go out. But the balloon did exactly as it pleased. Pascal and his mother were hardly seated in church when the balloon appeared and hung quietly in the air behind them.

Now, a church is no place for a balloon. Everyone was looking at it and no one was paying attention to the service. Pascal had to leave in a hurry, followed out by the church guard. His balloon certainly had no sense of what was proper. Pascal had plenty of worries!

31   All this worry had made him hungry. And as he still had his coin for the collection plate, he went into a bakeshop for some cake.

Before he went inside he said to the balloon: "Now be good and wait for me. Don't go away."

33   The balloon was good, and only went as far as the corner of the shop to warm itself in the sun. But that was already too far.

For the gang of boys who had tried to catch it the day before saw it, and they thought that this was the moment to try again.

Without being seen they crept up to it, jumped on it and carried it away.

When Pascal came out of the bakeshop, there was no balloon! He ran in every direction, looking up at the sky. The balloon had disobeyed him again! It had gone off by itself! And although he called at the top of his voice, the balloon did not come back.

The gang had tied the balloon to a strong string, and they were trying to teach it tricks. "We could show this magic balloon in a circus," one of them said. He shook a stick at the balloon. "Come here or I'll burst you," he shouted.

34   As luck would have it, Pascal saw the balloon over the top of a wall, desperately
     dragging at the end of its heavy string. He called to it.
     As soon as it heard his voice, the balloon flew toward him. Pascal quickly untied
     the string and ran off with his balloon as far as he could run.

35   The boys raced after them. They made so much noise that everyone in the
     neighborhood stopped to watch the chase. It seemed as if Pascal had stolen the
     boys' balloon. Pascal thought: "I'll hide in the crowd." But a red balloon can be
     seen anywhere, even in a crowd.
     Pascal ran through narrow alleys, trying to lose the gang of boys.

37   At one point the boys didn't know whether Pascal had turned right or left, so they
     split up into several groups. For a minute Pascal thought he had escaped them, and
     he looked around for a place to rest. But as he rounded a corner he bumped right
     into one of the gang. He ran back the way he had come, but there were more boys
     there. He was desperate – he ran up a side street which led to an empty lot.
     He thought he'd be safe there.
     But suddnly boys appeared from every direction, and Pascal was surrounded.

40   So he let go of his balloon. But this time, instead of chasing the balloon, the gang
     attacked Pascal. The balloon flew a little way off, but when he saw Pascal fighting
     it came back. The boys began throwing stones at the balloon.
     "Fly away, balloon! Fly away!" Pascal cried. But the balloon would not leave its
     friend.
     Then one of the stones hit the balloon, and it burst.
     While Pascal was crying over his dead balloon, the strangest thing happened!
     Everywhere balloons could be seen flying up into the air and forming a line high
     into the sky.
     It was the revolt of all captive balloons!

46   And all the balloons of Paris came down to Pascal, dancing around him, twisting
     their strings into one strong one and lifting him up into the sky. And that was
     how Pascal took a wonderful trip all around the world.